# CVRIEVSEs RECHERCHEs DE PLVSIEVRS BEAVS MORCEAVS

D'ornemens Antiques, et Modernes, tant dans la Ville de Rome, ques autres villes et lieux d'Italie, desiné et mis en lumiere. Par moy Adam Philippon Menuisier, et Ingenieur ordinaire du Roy. Chez l'Autheur Proche la Porte Sainct Martin, ruë du Verbois, au Croissant. Auec priuilege du Roy. 1645.

# A LA REYNE REGENTE

MADAME

Apres avoir passé plusieurs années dans Rome, ou j'ay eu l'honneur de servir Sa Saintete Urbain VIII, et plusieurs autres Princes de l'Eglise, en qualité de Menuisier, et Ingenieux, le deffunt Roy LOUIS XIII d'heureuse memoire envoya par toute l'Italie faire recherche des hommes les plus celebres aux Arts de Peinture, Sculpture, et autres professions necessaires aux decorations de ses Palais, entre lesquels j'eus le bonheur d'avoir quelque employ, particulierement la commission de faire passer de Rome a Paris beaucoup d'Ouvriers, et grand nombre de Formes des plus beaux Bas-reliefs, et Figures antiques, dont je me suis acquité avec autant de satisfaction que de fidelité. Monsr. de Noyers ensuyte me donna pour employ la menuiserie de la grande Gallerie du Louvre, mais le Ciel envieux de nostre bonheur, nous ravit bientost apres l'objet principal de nostre bien, dont la mort a fait desister toutes ces hautes entreprises. Chacun s'estant alors retiré, me voyant sans employ, je m'occupay a mettre ensemble plusieurs beaux morceaux d'Ornements Antiques, et Modernes que j'ay dessinez dans Rome, et en d'autres Villes d'Italie : Ouvrage qui sera de tresgrand service a toutes personnes sujettes au dessein, comme Architectes, Peintres, Sculpteurs, Menuisiers, Massons, et autres professions : Mais considerant a qui je devois offrir, et dedier ces petits Ornemens, j'ay esté bientost resolu, admirant MADAME comme il a pleu a Dieu conserver VOSTRE MAIESTE' pour nous donner le plus bel Ornement du Monde, et qui rend la France la plus Illustre, et la plus Florissante Monarchie de la Terre. C'est donc avec juste raison MADAME, que je dois dire que Vous estes la source des Ornemens, et le centre de toutes les Vertus, tant par l'Edification d'une Vie plus Divine qu'humaine, que par la Benignité, et Clemence que Vous exercez continuellement sur Vos sujets. Ie supplie donc V. M. d'agreer que j'expose cet ouvrage au Public souz Vre Authorité, affin qu'estant Illustré de Vostre Nom, il se puisse deffendre du temps, et de la medisance des ignorans : Ie supplie donc dereckef V. M. qu'il luy plaise recevoir ces premiers fruits, et me permettre de Vous dedier, et consacrer l'Œuvre et l'Ouvrier, qui Vous appartient deja par dependance, ayant eu le bonheur de naistre dans la Ville ou sont encloses les plus rares merveilles du Monde. Esperant que V. M. le recevra de bon œil, je continuray a travailler pour l'utilité de tous les ouvriers vertueux, et curieux de voir, et imiter les belles choses ; avec lesquels nous prierons l'Eternel de Vous donner la grace de voir ce grand Royaume au comble du bonheur que Vostre bonté Royale luy souhaite, et qu'il plaise a sa Providence de Vous conserver.

MADAME, dans une parfaite santé, une longue, et heureuse vie.

De VOSTRE MAIESTE'

le treshumble, et tres-obeissant
sujet, et serviteur
Adam Philippon.

3

4

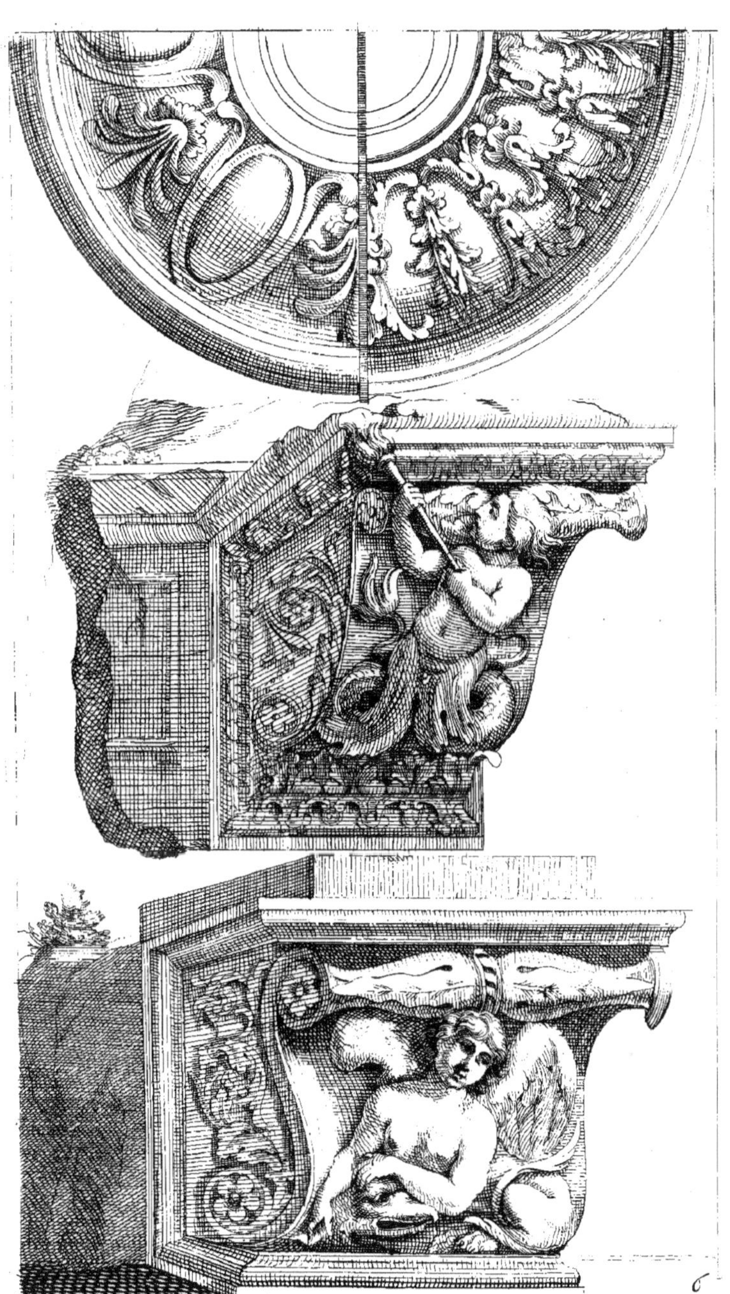

6

8

9

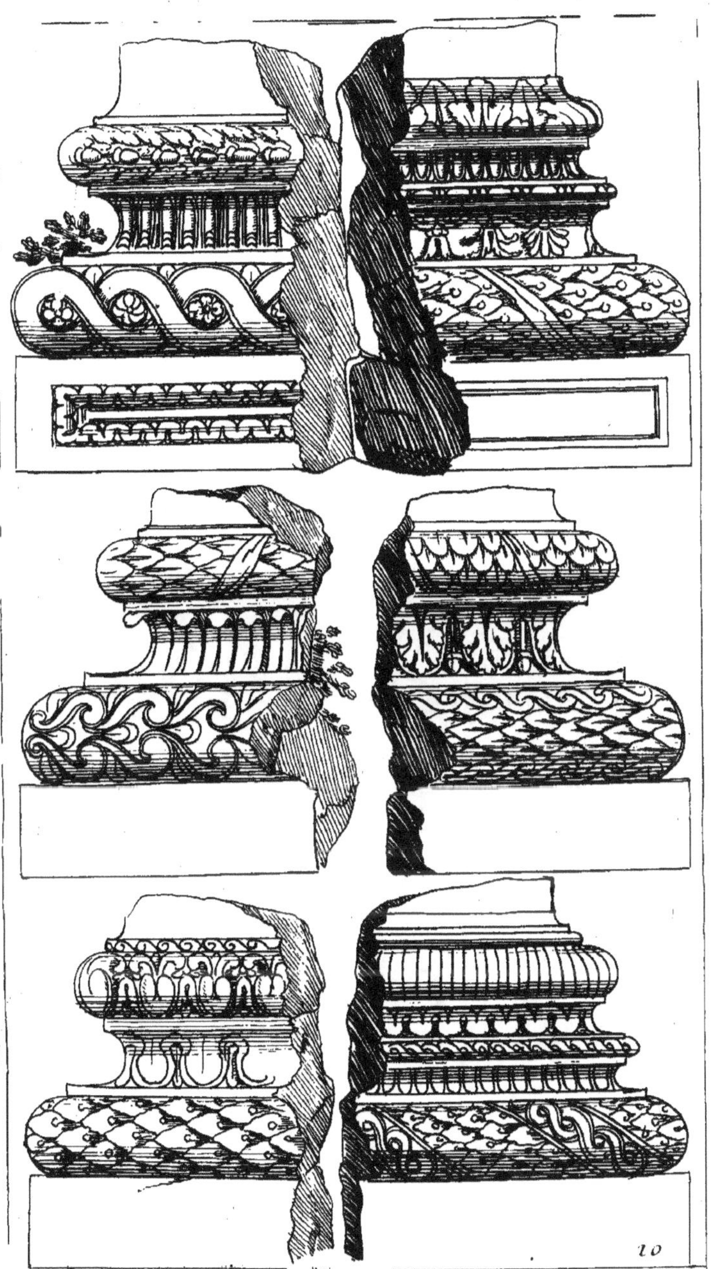

10

22

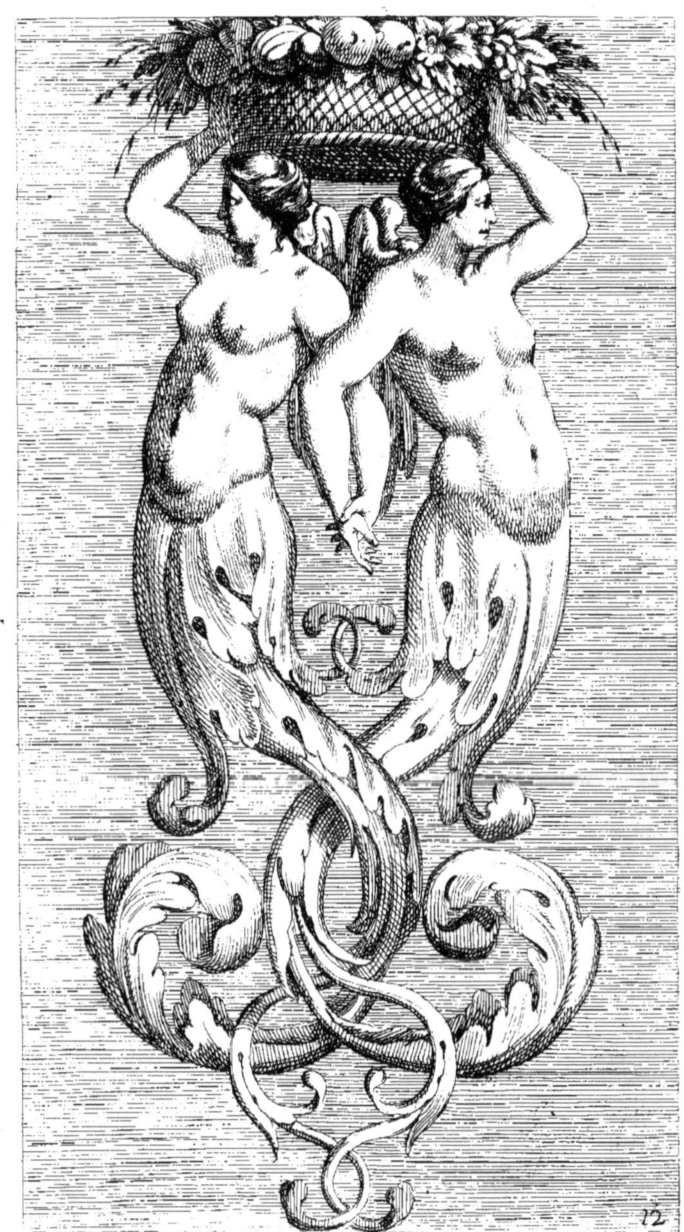

12

28

22

27

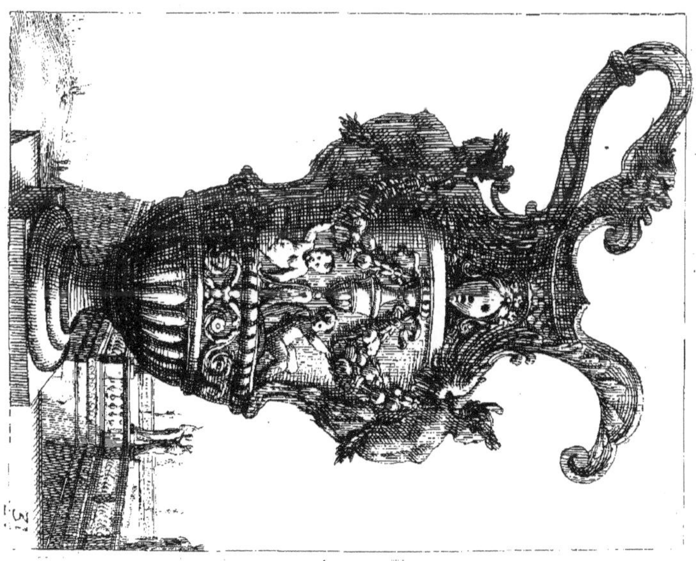

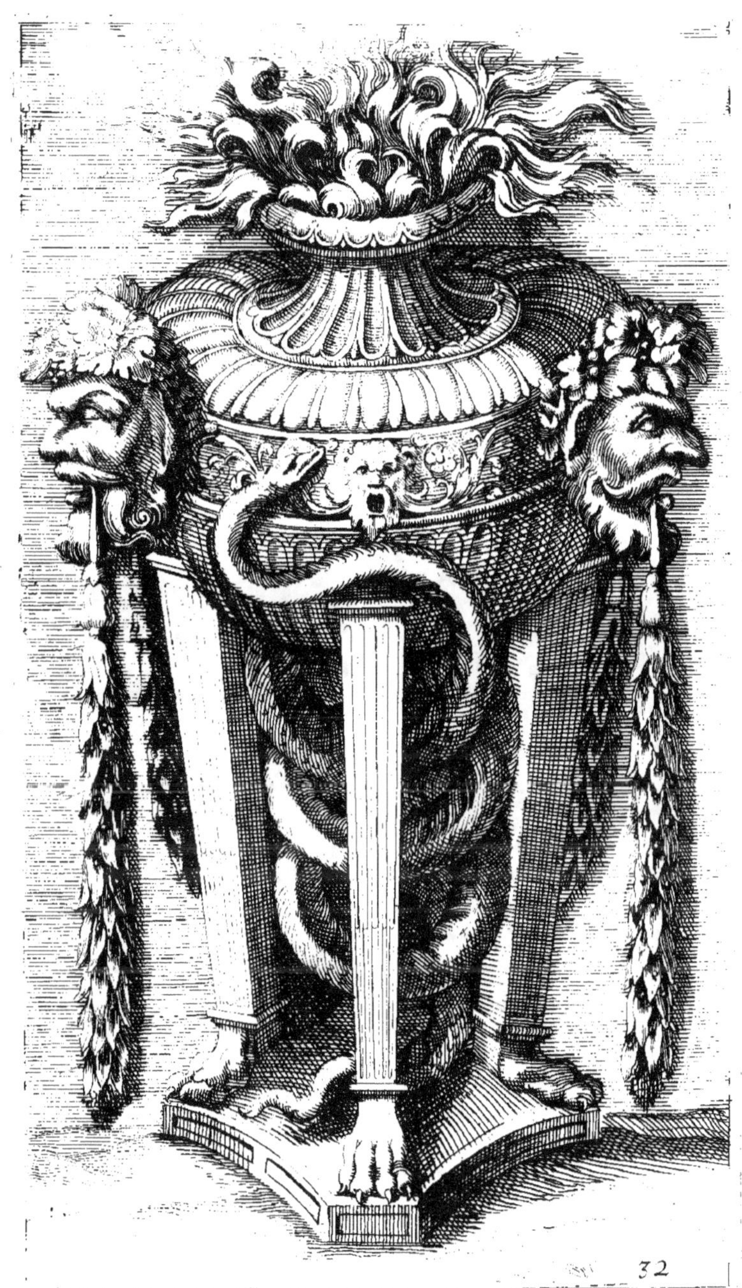

32

34.

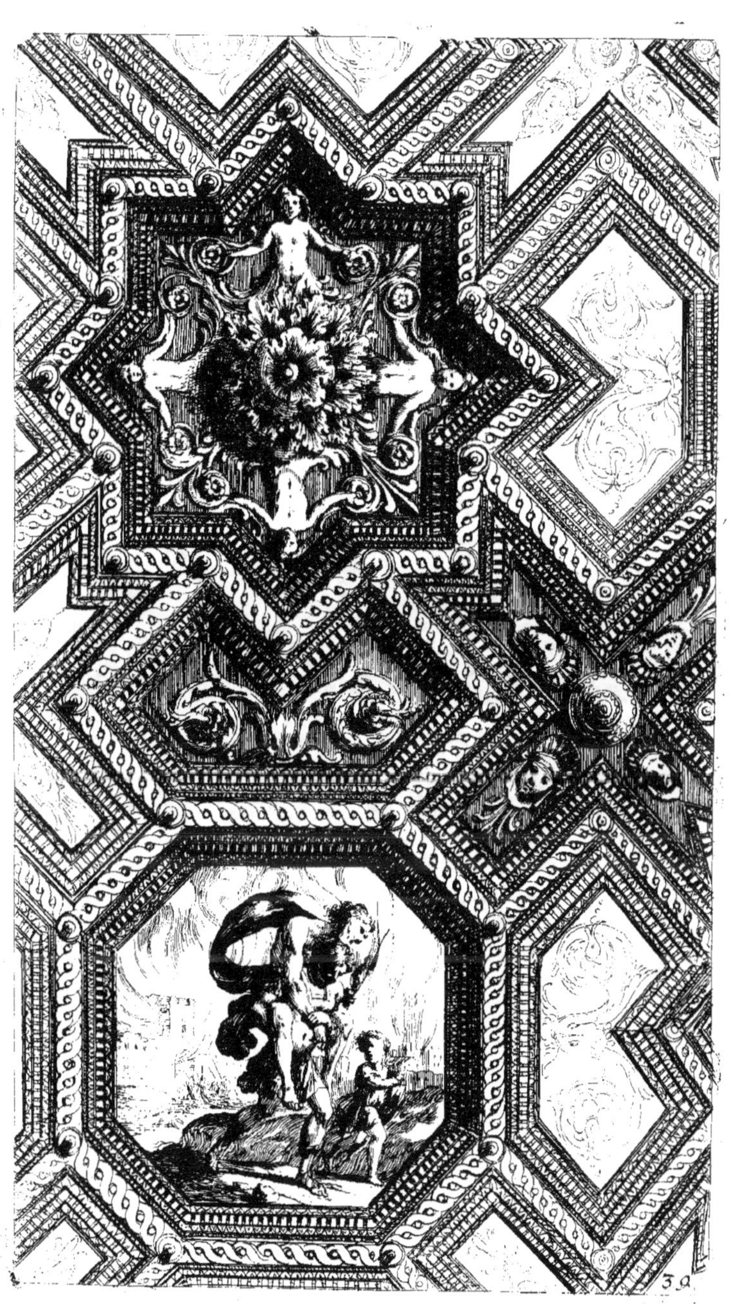

39

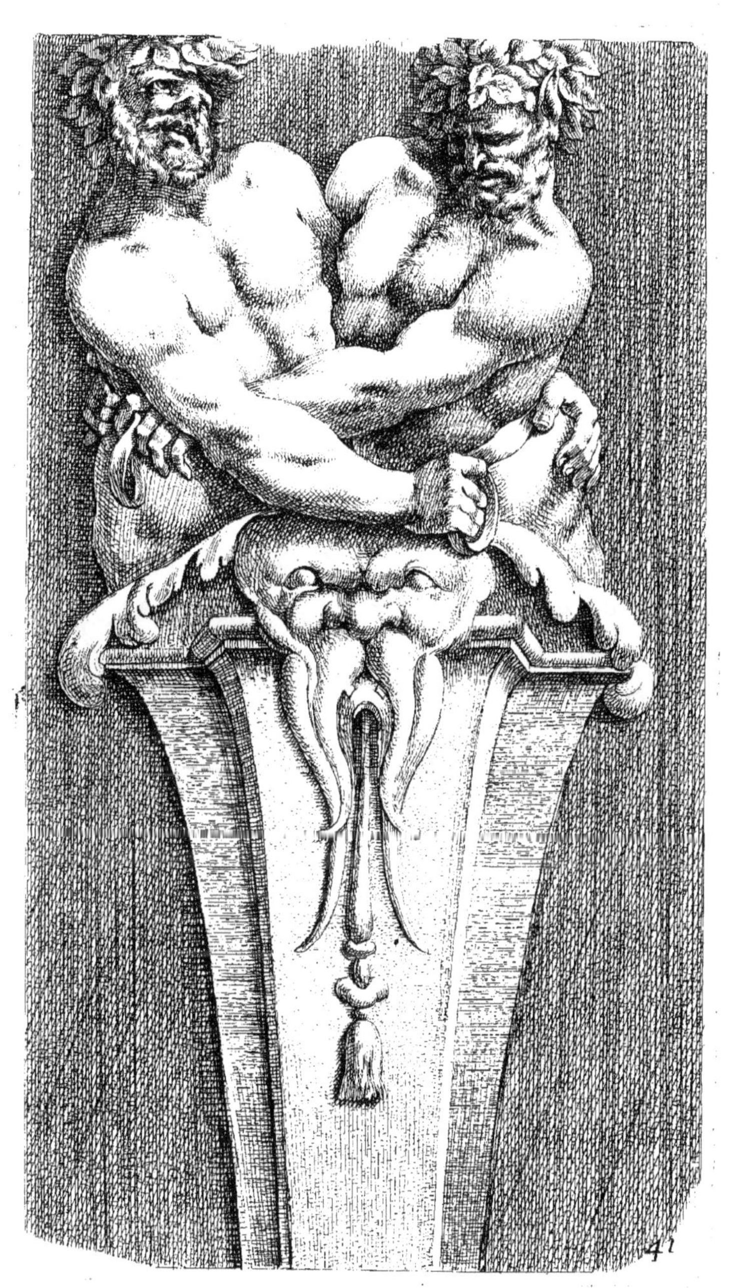

41

42